AF275813

Mai Van Phan
Esto dijo una cabra

Traducción
PHAM LONG QUAN

Edición y prólogo
VÍCTOR RODRÍGUEZ NÚÑEZ

LA GARÚA
POESÍA · *Haikus, 8*

Primera edición: mayo de 2024

Dirección: Jesús Aguado y Joan de la Vega

Consejo editorial: Pablo F. Sopuerta, Lola Irún,
Pablo González y Maribel Sola

© del texto, Mai Van Phan
© de la traducción, Pam Long Quan
© edición y prólogo, Víctor Rodríguez Núñez
© La Garúa Libros
Barcelona (España)
www.lagaruapoesia.com

ISBN: 978-84-128186-4-2
Depósito Legal: B 1487-2024

«La cabra siempre tira al monte», reza el antiguo proverbio hispano, seguramente de origen pastoril, anterior a la edad de la razón. En su significado más noble, pone en evidencia que no es posible evadir nuestra condición, no solo origen sino también destino. La cabra del poema de Mai Van Phan (Ninh Bình, delta del Río Rojo, norte de Vietnam, 1955) pide que la dejen en libertad, que no la sacrifiquen y pueda volver a la montaña («Esto dijo una cabra»). Es una poderosa metáfora de nuestro mundo, que pone en cuestión el espurio derecho humano sobre la naturaleza y la violencia criminal de la modernidad. Sí, hay algo salvaje que permanece irreductible, que desafía el dominio humano, la mal llamada civilización, y se expresa en la primera oportunidad. Cualquier semejanza con la pesadilla universal que representa la pandemia del COVID-19, con sus subidas históricas en el mercado de valores y sus casi quince millones de muertos, no es pura casualidad. Aquí radica el núcleo de esta espléndida obra, tesoro de la poesía vietnamita de nuestros días, donde se equilibran tradición y ruptura, religiosidad y compromiso, idea y sentimiento, imagen y ritmo.

La poesía de Mai Van Phan no es pastoril sino resultado de prestar atención a la naturaleza, la sociedad y el pensamiento, y esto no excluye sino presupone la mirada crítica. En *La flor velada*, la primera sección de esta antología, el sujeto poético asume que la contemplación no es pasiva sino activa («Noche de Año Nuevo»). Este proceso parte de lo concreto («Con los pies clavados en la tierra»), pero lo abstracto mantiene relativa independencia («Como el sonido de cristales rotos»). El mundo es un tejido de relaciones en renovación constante («Retoños», «La niebla»), donde no hay fronteras entre la realidad y el sueño («Despierto», «Los murciélagos»), y se manifiesta una unidad esencial («La cosecha», «El crepúsculo»). La identidad se establece, en última instancia, por el diálogo con la otredad («Dormitando»), que puede incluso llegar a la fusión («Beber té»). En el orden humano, estos poemas lamentan la pérdida («Padre incienso») y la muerte («Aniversario de la muerte del padre»), celebran el erotismo como natural y sin sentido de culpa («Rodaja de sandía», «Crepúsculo») y expresan una religiosidad fundamental («Hora de rezar», «Sat na», «La naturaleza de Buda»).

No me propongo aquí «deconstruir» estos poemas líricos de Mai Van Phan, sino solo dar testimonio de mi arrobamiento como lector. En los textos de *La flor velada*, la poesía no es entendida como ente artificial («Después del baño») y la lectura puede consistir en aspirar el aroma de las flores («Flores blancas del ciruelo»). Pero no todo está claro, hay momentos en que resulta imposible entender el sentido de la naturaleza («El sonido de los peces que colean»). A veces, estamos ante una poesía del estar («La llovizna»), del presente («Aún soy como un niño»), del aquí y del ahora («Callejuela»). A veces, ante una poesía del ser («Esta mañana»), escrita al dorso del paso del tiempo («Un nuevo día»). Una lírica que no se limita a dar testimonio de la experiencia («Libertad») y comprende la imaginación («Día de difuntos»). Además, el ingenio («Las flores de linterna», «Frágil») se aviene con la ternura («Nubes de algodón»), la gracia («Liberación») se da la mano con la ironía («Miro cómo vuelan las moscas»). En teoría y práctica, se reafirma el poder creativo de la elipsis («Exclamación», «Suspiro») y de la imagen («Una persona mayor», «Me despierto a medianoche»).

En *Ojos sesgados*, la segunda parte de esta antología de Mai Van Phan, hay más continuidad que ruptura. Se reconoce un mundo fuera e independiente de la conciencia del sujeto poético, que se desarrolla a partir de la contradicción (*10, 43*). Y ese mundo se expresa por sí mismo, la poesía resulta de esta manera objetiva, la materia que habla con absoluta propiedad

(65). Sin embargo, la humildad del yo lírico no implica su desaparición, existe e interviene en el curso natural (5), la contemplación una vez más es activa (91). Como reza el poema 88: «Oscuridad / El ratón y yo /Cruzamos la calle». La actividad del sujeto poético es una herramienta del conocimiento, que revela las relaciones ocultas del ser (44, 71, 80). Se advierte en la maravilla del poema 9: «La mariposa se posa / Una gota de lluvia / Aprende a volar». Aquí nuestro poeta emplea con redoblada maestría la metáfora (56), la elipsis (23), y el lenguaje poético se hace más sintético, más depurado. Son también poemas de tres versos, pero esta vez sin título, solo numerados. Vale aclarar que no son haikús, sino otra manifestación, en este caso dentro de la poesía vietnamita, del influjo de la poesía clásica china.

La poesía escrita surge en Vietnam durante el dominio de China, que se extiende del año 111 ANE al 939 NE. Aunque usan el chino, los poetas vietnamitas logran expresar su manera de ser, su alteridad. Después de ganar la independencia, superar el período de feudalismo y luchas civiles, y derrotar la invasión mongola, el país se expande hacia el sur y se unifica. En 1282 se crea una lengua escrita nacional, donde el vietnamita vernáculo se representa con caracteres del chino clásico, llamada *chu nom* («la escritura del sur»). Esta lengua propia alcanza su pleno desarrollo en el siglo XV con la obra del poeta Nguyễn Trai (1380-1442). El *chu nom* es institucionalizado por el emperador Le Thanh Tong (1442-1497), quien funda la primera academia de artes de Vietnam. Esta institución divulga importantes colecciones de poesía en *chu nom*, que hasta el siglo XIX es el idioma principal de Vietnam. Poetas relevantes que escribieron tanto en chino como en *chu nom* son, entre otros muchos, Nguyễn Binh Khiem (1491-1585), Dang Tran Con (autor del *Lamento de la mujer del guerrero*, 1741), Nguyễn Du (1765-1820, a quien se debe *La historia de Kieu*), y la admirable poetisa Ho Xuan Huong (1772-1822).

En 1883 se firma un tratado entre el reino de Vietnam y Francia que marca el final de la independencia del país. A principios del siglo XX, por decisión de los colonialistas franceses, se impone el uso del alfabeto romano. Este nuevo sistema de escritura, denominado *quoc ngu* («la lengua nacional»), junto al contacto con ideas y poéticas occidentales, marca la poesía vietnamita. A partir de la década de 1930, la nueva poesía en quoc ngu domina la escena. La actividad poética sufre con la Segunda Guerra Mundial, la invasión de Japón, la Revolución de Viet Minh y la ocupación militar china e inglesa. Pero después resurge con fuerza, cuando el quoc ngu no solo desarrolla un vocabulario moderno sino que se convierte en el alma vietnamita. Y florece en medio de la cruenta guerra de resistencia contra los ocupantes franceses y estadounidenses (1955-1975). Si le preguntan a Mai Van Phan quiénes son los cinco poetas vietnamitas más influyentes del siglo XX, dirá que Tản Đà (1889-1939), Hàn Mặc Tử (1912-1940), Nguyễn Bính (1918-

1966), Chế Lan Viên (1920-1989) y el poeta revolucionario hoy injustamente olvidado Tố Hữu (1920-2002).

Estos formidables poemas de Mai Van Phan son resultado del estar atento, ofrecen una mirada curiosa y radicalmente interesada en la otredad («Verdad»). Por un lado, se apartan del romanticismo al destacar, verbigracia, la importancia de lo pequeño, que puede resultar determinante («El sol nuevo»). Por otro lado, se apartan del realismo al asumir la poesía como representación y no como realidad, al suponer un lector participante por el predominio del mensaje implícito («El crepúsculo»). Con estas renuncias la poesía no pierde su esencial rebeldía, se alza contra la indiferencia de la naturaleza ante la humanidad («En la ceremonia del Año Nuevo Lunar»), levanta la voz contra la opresión y la represión social («Se escribe en los diarios», «Unidad en la sala»). Incluso, la poesía no se idealiza a sí misma, hay cosas que se le escapan y la sabiduría está en reconocerlo

(«Con la energía de la primavera»). Se trata de una lírica vigorosa, afincada en la tradición pero no tradicional («El agua de la aldea junta objetos»), y que siempre asume la belleza como meta («Más adelante»). En fin, celebro la entrada en lengua castellana, con su cabra prudentísima, de este poeta notable de nuestro tiempo.

Víctor Rodríguez Núñez

Mt. Vernon, enero-mayo de 2021

LA FLOR VELADA

Esto dijo una cabra

Abran la puerta
Suelten los cuchillos
Y déjenme volver a la montaña

Con los pies clavados en la tierra

Como no miro a lo alto
Ahora sé
Que acaban de salir los retoños

En la ceremonia del Año Nuevo Lunar

Se junta la gente con alabanzas
Y el mar sigue allí
Sin darse cuenta

Con el sonido de los fuegos artificiales

Varias frutas tiernas
Podrían
Caerse

En la mañana del primero de enero

Encontré el calcetín de un niño
Maduro
Como una fruta

Con la energía de la primavera

Tomo un descanso
Levanto un cubo lleno de agua
Sin saber por qué

Noche de Año Nuevo

Escucho las olas
Y enciendo una vela
Mirando el mar

Elijo un pedestal

Una maceta de azaleas pongo
En el centro
De la primavera

Retoños

Tendidos bajo la primavera
Llenos de energía
Jadeantes

Las nuevas hierbas primaverales

Por oler tantos nuevos aromas
Un becerro se aleja de su madre
Paso a paso

En medio de la primavera

Un viento fuerte
Estruja un pétalo de melocotón
En la faz de la tierra

Aún hay fiesta del Tet

Me como el último pedazo de turrón
Me levanto a dar cuerda al reloj
Los gladiolos se abren exuberantes

En un instante primaveral

Pasa el becerro
Un tramo de hierba nueva desaparece
Un niño derrama miel de abeja

Llegó la lluvia de la primavera

Hay humedad
Y frío
Acabo de tomar un baño

La llovizna

Se raja
Leña seca
Se calienta las manos

Siembra de frijol

En filas rectas
Cuando se termina
Las estrellas colman el cielo

Despierto

De noche sueño con el bosque
Por la mañana
Elijo nuevos semilleros

Más adelante

Es aún más bello
Doy unos pasos
Para salir del fondo de la luz

La cosecha

Acabo de sembrar un surco de frijol
Un gorrión me advierte
Desde el cielo

La niebla

Teje y teje más de esto
Hasta que de la madera seca
Broten flores

Exclamación

Un campo ancho
Una gota de rocío
Aún más transparente

Mañana de primavera

Los retoños
Escuchan a los niños reunidos
Para quitarse los insectos

Las rosas de brezo

Se abren con antelación
Para que los árboles vecinos
Florezcan

Las flores de vid de trompeta azul

Se curvan
Y yo de puntillas
A ver si queda una más

Flores blancas de ciruelo

Es de noche
Aspiro las flores
Para leer la última página

Flores y más flores

Muchísimas
Incluso se dice
Que no son auténticas

Llegó el viento

Y empujó la margarita
En dirección
A las hierbas salvajes

Los árboles se compadecen

Las flores del melocotón
Caen
Hacia el árbol vecino

Donde caen las flores

Me pego al suelo
Y miro a lo alto
Donde estaba la flor

Las flores que caen al pozo

Saco cubos de agua
Casi desde el fondo
Hasta rozar una flor

Una persona mayor

Sin dientes
Ríe bajo el árbol florecido
Hay flores en el suelo

Últimos días de la primavera

Siento la humedad
Sacudo la almohada
La primavera ha pasado

A finales de marzo

Flores rojas de bombax
No sé cuántos pasos
Se necesitan para llegar a ellas

La noche del cambio de estación

Al amanecer
Mientras duermo profundo
Ignoro que ya estoy junto al verano

Esta mañana

Olvido el calendario
Me pongo a hervir agua
Otra tarde en ebullición

Bien de mañana

Abro la puerta
Me asalta la duda
Entre ambos mundos

En el jardín

Quito la maleza
El amanecer arriba
Más temprano

Por suerte

Aún tengo el café en la boca
Y veo una pareja de gorriones
Cubriéndose en el lichi

Un vaso de jugo de manzana

Al terminar de beberlo
Miro la cumbre de la colina
El manzano comienza a florecer

Comer una manzana

Muerdo abajo
Después arriba
Me siento más joven

Un sorbo de té

Aún sin tragarlo
Absorto en mirar la rama del guayabo
Parido

Taza de café

Bebo la mitad del café
Espero el viento
Que vibra en todas las ramas

Despejar el camino

Barro
Libro la tierra
De las hojas caídas

La Tierra se transforma

Barro una vez más
El camino del frente
Los niños pasan a la carrera

En la peluquería

Escucho el viento
Apretar en oleadas
De raíz a copa un árbol

Mientras pasan los coches

Cubierto de polvo
El príncipe blanco de la noche
Se vuelve escultura de barro

Descanso

Las palomas
Se posan
Sobre el techo del estadio

Frente a la peluquería

Las raíces del banyan caído
Vuelan con gracia
En todas direcciones

Nubes de algodón

Se detienen
Sobre la tierra
Donde una madre amamanta

No es costumbre

Un sol nuevo
Inunda el jardín
Me levanto a cerrar las puertas

Es este el momento

Mucha gente espera
La llegada de la noche
¿Cómo ser indiferente?

Un nuevo día

Arranco una hoja del calendario
Lleno de anotaciones
El envés de la hoja

Peces

Suben a la superficie
Sabiendo que el frío
Llegó desde ayer por la tarde

Anoche llovió

No quería que los árboles escurrieran
El sol de esta mañana
También está húmedo

El condominio

Un pájaro bate sus alas
Cuatro o cinco casas vecinas
Abren las puertas para mirar

La cosecha de lichi

Los árboles cargados de frutas
Voy contando
Los pasos

Cesa la lluvia

En torno al templo de Ponagar
Las flores de arachis
No abren aún los ojos

Era industrial

Posada en lo alto de la grúa
En diez minutos
La libélula logra levantar tres contenedores

Confundiéndome con un grano de arena

El viento
Me roza
Infinitas veces

Un pichón

Añora a su madre
Las hojas alrededor del nido
Le ayudan a llamarla

Escucho peleas de vecinos

Ver a los pichones
Aprender a volar
Punza el alma

Al leer un libro

De repente el pánico
Abre ante mis ojos
Un camino en la oscuridad

Se escribe en los diarios

Todo el mundo está decepcionado
Yo también
Hablemos entonces

Bancos de piedra

Los mayores se ocupan de discutir
La calle se barre con calma
Y los invita a sentarse de nuevo

Encuentro con viejos amigos

Charlamos
Guardamos silencio
El arroyo sigue su curso

Caminar

Cruje el pequeño bambusal
Pasa un anciano
Moviendo con fuerza los brazos

Aún soy un niño

Me quedé en el portal
Espero que la luna
Me dé una mejor parte

Peces cautivos

En sigilo
No se atrevieron a mirar
A quienes pasaban

Callejuela

Un viento vicioso
Sopla por aquí
Por allá

Los árboles y sus sombras

Siguen
Clavándose
En la tierra

Las flores de linterna

Dirigen
La luz
Hacia mí

Como el sonido de cristales rotos

Se caen las llaves
Los pensamientos no cambian
Sin embargo

El sol nuevo

Una pequeña paloma vuela
Y guía
A las grandes nubes

Pisar un parche de sol

Lo aguantamos
Hasta
Que se queda quieto

Se levanta el sol

Una libélula se va volando
Una flor de enredadera
Se mece saludando sin apuro

Las flores de lichi

Se traban las patas de la abeja
Cae polen
Al suelo

Cielo alto

Un pez
Bate su cola
Por encima del agua

Día soleado

Los vecinos se ausentan
Las ventanas superiores
Se entreabren

El monzón

Una foto borrosa por la humedad
Se ven los parientes
En el otro mundo

Luna dorada

Irradia por doquier
Dejándolo todo
Me voy a casa

Escucho alas que baten

Bebo todo el vaso de agua
No sé aún los nombres de las aves
Que acaban de volar

Una mariposa tonta

Se pierde en la habitación
Apago la luz
Afuera aún está claro

Los pájaros

En los cables
De lejos
Parecen nudos

Liberación

Una abeja entra por la puerta
Se cambia rápido los calcetines
De nuevo en camino

El pájaro diseido

Su voz es corta
Se mueve incesante
Su nido está tal vez por aquí

Un pájaro extraño

Se posa en el patio
Me contempla
Como un amigo de otra vida

Sólo un canto oval

Podría plantar
Las semillas
En la grava

El sonido de los peces que colean

Esta mañana
Desgraciadamente
Nada entiendo

Frutas maduras del jardín

Nadie las recoge
Sólo el ruiseñor
Que canta y las pica a la vez

Me espera afuera el jardín

Las orquídeas
Despiden sus aromas
Hacia el tamarindo

Después del baño

Con el pelo todavía mojado
Me acerco a los lirios
Escucho las canciones de abril

Al comer una guayaba

Mirando el sol
Junto al arco iris
Todo se opaca

Rodaja de sandía

Llena de jugos rojos
Uno se pregunta
Si morder adentro o afuera

Comer melocotones

Bocado a bocado
El sol irradia en el techo
Su luz encarnada

Pelar papas

Una vez terminan
La papa y el cuchillo
Son ambos bellos

Beber té

Hasta
Que el té sea
Uno mismo

El crepúsculo

El gato pierde su presa
El hacha
Se clava en el madero

Los murciélagos

Espantados al atardecer
Cada pareja
Vuela a través de los sueños

Medio dormido

El sol
Entra hasta donde estoy
Y me recomienda que me vaya

Te extraño

La luz lunar
Derramada sobre mí
También pesa

Una ardilla entre las hojas

Miro a una mujer bella
Comiendo naranjas
Y pintándose los labios

Una babosa

Se esfuerza en extender
Su lengua dando más frescura
A la faz de la tierra

Tomo el cadáver de una cigarra

Es tan liviana
Como si nunca
Hubiera existido

Miro cómo vuelan las moscas

Caóticas
Pero sin colisionar
Tal vez anda por allí su líder

Hace más frío

Las hojas se acurrucan
Una joven
Se pone de prisa otra pañoleta

Ramas entrelazándose

Se levanta una catedral
Las hojas caídas
Se van al infierno

Una araña teje

De un caqui verde
Hasta otro
Ya maduro

Un mosquito

Toda la noche acecha a un indigente
Es él mismo
U otro

Reparación del cable telefónico

Entre mi casa
Y el tumulto de cables de la esquina
Me pierdo

El crepúsculo

Voy al jardín
Recojo
Tomates maduros

Maní nocturno

Saltan en la sartén
Y explotan con suavidad
Las estrellas salen despacio

La noche empieza

Al atardecer
Una rata
Cruza la calle

Espero la luna

Cuando surge del agua
Me quedo tranquilo
Y duermo por un rato

Para asustar a los pájaros

Se juntan
Y luego se dispersan
Los espantapájaros

La luna

La luz es para
Las hojas de los árboles
Y también para el gusano

Me despierto a medianoche

Escarbando con el cuchillo
Pensaba que era una vela
Con la llama muy filosa

Escucho que algo cae en la noche

Despierto
La sombra de la montaña se vuelca
Al pie de la ventana

De noche escucho

Los bambúes al trenzarse
Semejan el sonido de la leña
Que rompe en llamas

Un grano de frijol

Germina
Y no ve
El gusano a su lado

Unidad en la sala

Lo nuevo
Aún tiene que ser degradado
En otras reuniones

Inflamación de la rodilla

Se arrastra a la ventana
Mariposa blanca en vuelo
Por la anestesia

La palma frente a casa

Aviadora
Luna enterrada
En el jardín

El agua de la aldea junta objetos

Aquí
Cerca de la tumba anunciada
El río fluye todo el año

El alma por aquí

Luché
Contra nudos de hierba
Lápidas de Lau

Aniversario de la muerte del padre

Las orillas del río
Se unen
En silencio

Padre incienso

Cinco tazas de té y cuatro escudillas
Mi padre encuentra a menudo
La escudilla faltante

Visitar las tumbas de los antepasados

Incienso que ardió
Recostado
Contra la tumba

Miradas

Los charquitos al pie de la montaña
Reflejan
Hasta las copas de los árboles

Separación

La puesta de sol cerca el patio
Las aves deponen
Sus alas afuera

Tocar los gongs

La baqueta
Envuelta en trapos viejos
Eco de sudor humano

Volver a empezar

Los campos fueron cosechados
La cigüeña encontró donde posarse
Alba interrumpida

Flores

Mañana abrirán
La luna esta noche
Despide su aroma

Está haciendo frío

Echarse más cobijas
Se quedan unas hojas
Temblando en la ventana

Hora de rezar

Canto de pájaros
Incienso
No se olvide orar por los retoños

Pico de montaña

Viento
¿De dónde vienes?
Te ofrezco perfume de loto

Crepúsculo

Las jóvenes vadean el arroyo
El sol serpentea varias veces
Tratando de ocultarse

Entra el invierno

Las máscaras cuelgan en la pared
Sopla el viento frío
Por los huecos de los ojos

Amanecer

Se despiertan
Las arañas de agua
Entre los lotos

Despertar

Claro de luna sobre el árbol
Ya roto
Recoger lo que quede

Noche de luna

Puse las manos en la almohada
Y aguanté la respiración para oír los
        murciélagos
Cruzar la jaula de luz

Lago

Los pájaros se tiran al agua
Los peces brincan
Para atrapar a los mosquitos

Fases de la luna

Una casa estrecha
Absorto en el cuento
Un caballo celeste cuelga de un árbol

Nuevo día

Aurora
Picos de polluelos
Tragados por las nubes

Frutas maduras

¿Quién quema
En el tronco
Otras llamas?

Dos temporadas

Me quedé en medio
Los cantos de cigarras
Las margaritas

Tormenta en la noche

El viento sopla y arranca los techos
La luna
Por encima de la tormenta

Anidar

Los pardos gorriones en el tejado
Y debajo en puntillas
Los insignificantes dueños

Puesta de sol

Soleado aún
Colgado en la espera
Apaga margaritas blancas

Buscando flores

Siguiendo unos aromas
Al pie de la montaña
Di con unas rocas como cuchillos

Yo

Solo en una silla
Pintando el cielo
No hay lugar para las nubes

Impotencia

El aguacero
No llega
A la flor

Campos

Nadie se atreve a arrancar
Ahora
La flor ensangrentada

La mañana pura

Una taza de té
Bebida a la mitad
Sol en el follaje húmedo aún

Tranquilo

Tomo un sorbo de agua
Con temor
Las abejas dejan su estigma

Vida anterior

Yo iba entre la hierba del sendero
Tú llevabas las zapatillas rojas
Me pisaste ¿verdad?

Encuentro

Vuelas y vuelo
Un trozo de blandas nubes
Nos sostiene

Enero

Vestido rojo
Das vueltas al flamboyán
Sin retoñar aún

Recuerdos

Un vaso lleno de agua
Lo bebo
Me lleno de luz

Instante

Miro el azul celeste
Vacío recortado
Tu figura

Silueta del venado estelar

Resopla junto al árbol
Con los botones florales
Le crecen nuevos cuernos

El cuento de la luciérnaga

Cuando estamos juntos
Un árbol brilla intensamente
La Vía Láctea

Suspiro

Luna en el río
Taza de agua tibia
Tu mano es un abanico abierto

Sat na*

Aún no rezo
Una palomita
Pasa veloz a otra rama

Involuntariamente

Quien seca paja de arroz
Sobre una tumba humilde
Sufre toda la vida

Aniversario

Rítmico
Un pez nada
Alrededor de las ofrendas

(*) La unidad de tiempo más corto, según Buda.

Acción de gracias

Hay luna llena
Los árboles se doblan
En dirección a Buda

La pagoda de Đồng

El viento empuja
A cada budista
Cuesta arriba

Quemar ofrendas

Tal vez mi padre ya no los use
Aún así le mando
Este sombrero y este bastón

Día de difuntos

Mi abuela quería verme
Pero los muertos
Se lo impidieron

**De mañana temprano
en la tierra de mi madre**

En silencio lavo mi rostro
En la orilla
Las cigüeñas vuelan como el viento

Misericordioso

El sol duerme detrás de la pagoda
El agua fluye entre hojas y pájaros
Todo es la palabra de Buda

La naturaleza de Buda

Una garza
Nido del lenguaje que el gong revela
La imaginación

Entre espinas

Las espinas no se clavan en las espinas
Se encogen
Al paso de los aromas

Caballo

Mi larga melena
Leo en cuclillas y pastoreo
Voy paso por paso

Noche y día

Donde juegue al ajedrez
Gane o pierda
Las luciérnagas se reúnen

Pensar en la lluvia

Es increíble que las nubes
Conmovedoras ayer
Hoy me mojen

Así es

El viento
Con mucha calma sopla
Entre el animal y la trampa

Ir de pesca

Tiro el anzuelo
Sin carnada
A la sombra de la luna

Voces de pájaros en lo alto

Suenan como tupidos
Tomo una pequeña vela
Proyecto la noche

Esencias

El pétalo de loto
Cae justamente
En el fango

Muchos lo han visto

Un bulldozer
En medio del cielo
Aplasta un arbolito

Crepúsculo

Pisar las llamas
Extinguidas
No sé si es alegre o triste

Será un juego

La mancha de peces diminutos
En torno al enorme anzuelo
No se está quieta

Aguas bajas

Las orillas del río se quedan secas
La barriga abierta de un pez
Glorifica el rocío y la sal

El arroz madura en todo el campo

Cantos graves y entrecortados de cigüeña
¿Será que los espantapájaros
Son sordos?

Yin yang

Techo con goteras
El cuadro en la pared
Transpira

Encuentra tu camino

Otra vez esas resonancias
Me doy cuenta
Un gusano se arrastra por el suelo

Verdad

Una paja
Corre más rápido
Que el agua

Anzuelos invisibles

Arranco una hoja
La pongo en mis labios
¿Quién me pesca?

Libertad

Un ratón viejo
Camina en torno a la trampa
Que ya se disparó

Frágil

El rocío aguanta la respiración
Colgado
Sobre un charco sucio

Flores en la puerta del templo

A menudo tienen más fragancia que las otras
Los santos
Al pie del incienso

Mañana fría

Una mancha de peces pequeños
Apretándose en la orilla
Carnada para otros peces decorativos

Navegación en el río **Nhật Lệ**

Los parleros me incitan
A nadar a contracorriente
En el río de sol

Pasar a través de la puerta
en el cielo de **Đèo Ngang**

En el cielo
La hierba es más suave
Tus dedos más finos

Visita a Bầu Tró

Más de mil veces la reencarnación
Recojo el hacha de piedra
No logro cortar nada

OJOS SESGADOS

1

En una esquina del jardín
Agua sobre piedra
El crepúsculo se desliza veloz

2

Aguacero de medianoche
En el cuarto cerrado me echo otra cobija
Corre por mi espalda el agua estancada

3

Las flores de osaka tomaron la ribera
El viento no se atreve a acercarse
El árbol arroja las hojas al abismo

4

En las espinas
Nace el sol
Una gota de rocío

5

Tejo una jaula
Con el cielo
Para las aves

6

Muchos árboles
Duermen y en sueños
Florecen

9

La mariposa se posa
Una gota de lluvia
Aprende a volar

10

Las cabras
Comen el pasto hasta la raíz
Llega la primavera

11

El aguacero cae
Las flores del flamboyán
Quieren apagar el fuego

12

Si te vas
Ahora
El otoño termina

14

El día es húmedo
Tomo el cuchillo
De repente amellado

15

Unos cuantos retoños
Hacen la brisa de primavera
Anoche descansaron las hierbas

16

Olas y más olas
Se lava las patas
Un cangrejito de viento

22

Los árboles se bambolean
Se dice que es el ruiseñor
Quien los emborracha

23

Una taza de mermelada de loto fría
El lago
Corazón puro

27

Un trueno
Dejo la flor del lirio
Suavemente

31

Trueno
Un pez en la boca del rapaz
Esperanza

32

Las flores
Caen bajo el sol
Rito absoluto

33

La mariposa
Espera por la flor de loto
No se irá aunque la espanten

34

Las hormigas chocan entre sí
Ojos llorosos
Inundación

35

Cerezas
Grabadas en el suelo caliente
Estufa de carbón en día invernal

36

Un gorrión
Vio mi rostro
Y voló más rápido

37

Un timbre suena de nuevo
Las últimas flores de otoño
Acaban de brotar

38

Remo
El pájaro canta
En el cauce del río

39

Las lluvias vuelan en parejas y se cubren
El plátano retoña
Escarabajos

40

Viento suave
El pájaro en el techo
Escalofrío

43

La luna
Brilla más
Sobre la hierba marchita

44

Los trinos primaverales
Atraviesan las montañas
El árbol se estremece

46

En las profundidades del bosque
Una rana yace abandonada
Y me mira

47

Flores de malva en el cuadro
Depósito de agua clara
Aquí estoy

48

Las nubes de negro con capuz
Boca oscura de la cueva
Temor y frescura

49

Ojos sesgados
La cáscara de naranja zozobra
El río se seca

50

Mirando la vieja hoja de loto
Reúno los granos de arroz
Para las aves

51

Pongo una taza de agua
Junto a la cabra de madera
Sequía

53

Pinturas de aves
Cuelgan en rincones oscuros
Los picos parecen más largos

54

Te beso
Los mismos sonidos de las cuernas
Vuelan lentísimos

55

Tomados de la mano
Te devoré
No quedan ni rizos

56

Miro a lo lejos
Las lámparas
Soledad hexagonal

58

Cuento los silbos del tren
Marco cada página del cuaderno
Espero ver el día del mar picado

60

El martín pescador
Al acercarse al alma del pez
Cae en la trampa

61

Un gusano
Orada una fruta madura
La noche se aprovecha

64

Jugando con piezas de madera
Toda la tarde para no aburrirse
Un viejo gato

65

En la sala
Un moscón
De pronto levanta la voz

67

Instante de año nuevo
La tierra
Una vela brillante

69

Las nubes
Cubren la luna
Cierra los ojos

70

La espalda
Ya fría
Y estoy aún en el agua

71

El abismo enseña a los árboles
A aferrarse del acantilado
Y florecer con precaución

72

Nubes grises
Mar azabache
Los peces suben a la superficie

73

Al hundir los pies en la tierra cálida
Rejuvenezco
Junto al árbol

74

Las hojas se mueven
Abro la puerta
Martillo en mano

75

La cucaracha
No se atreve a acercarse
A la espada oxidada

76

Gota de rocío al fin del otoño
¿Qué hago para sanarte?
Ser transparente

77

Boca arriba
En las lluvias primaverales
A veces cojo una gota

79

La hierba en la tumba de mi padre
Como acabada de plantar
Fue siempre así

80

Una mujer reza
Un ciempiés
Se marcha

81

El sol
Atraviesa la niebla
Se enfría con el entierro

83

Noche de cementerio
La linterna indica el camino a la aldea
El punto cardinal inverso de la tumba

85

La tórtola vuela
En torno a mis antepasados
Tiempo de quemar la paja

86

Es la misma llave
Hoy
No puede abrir

88

Oscuridad
El ratón y yo
Cruzamos la calle

89

El viento sopla
Sin pausa
Una cueva de grillos

90

La noche
Desciende pareja
Conmovida por la flor ya sin aroma

91

Pego el oído al agua
Espío
Las historias del pez

93

Las nubes esperan
Que el río
Las lleve al mar

96

Natalicio de Buda
En la esquina del patio de la pagoda
Los huevos de hormiga hacen fila

97

Mientras llueve
No hay partículas
En caída libre

98

Olvídense de las alas
Podemos
Volar

99

Buena cosecha
Las hormigas acopian provisiones
En las manos de Buda

Índice

Esto dijo una cabra